ΑΊΛΟΥΡΟΣ

Игорь Булатовский

Ласточки наконец

Июнь 2012 — январь 2013

AILUROS PUBLISHING
NEW YORK
2013

Igor Bulatovsky
At Last, The Swallows

Ailuros Publishing
New York
USA

Подписано в печать 3 февраля 2013 г.

Художник обложки — Ирина Глебова.
Обработка рисунков и предпечатная подготовка обложки: Анаит Григорян.
Редактирование, корректура, верстка: Елена Сунцова.

Прочитать и купить книги издательства «Айлурос» можно на его официальном сайте: www.elenasuntsova.com

© 2013 Igor Bulatovsky. All rights reserved.

ISBN 978-1-938781-07-0

Вон там квадратики впотьмах,
горящие простые души.
пиши "впотьмях", читай "в домах",
чьи стены да имеют уши,
чтоб слышать, в общем ничего
особенного: смех и слёзы,
и крик, и шёпот — вещество
прекрасной жизни, страшной прозы.

ИБ

ЛАСТОЧКИ НАКОНЕЦ

Поэма

Часть первая

I.

*Прошлое — птицам,
Будущее — стрекозам.*

Елена Шварц

*

Все облака перепутаны — где какое
быть должно, чтобы рассеять свет,
чтобы оставить листьев глаза в покое,
глаз близорукой листве тихо напомнить — «нет»...

Пусть гряды́ городят, пусть разбираются сами,
где чье место, пусть растет огород,
пусть ползут по дождю дымчатыми усами,
что подрежет один ласточкин разворот;

пусть распустятся все, знающие: где тонко —
там горошек цветет, там цветут огурцы;
пусть бегут между гряд, ставших эфирной пленкой,
ласточки наконец, отдавая дождя концы.

*

Вот и всё дальше дождь, и следом — его светлый,
но разомкнутый свет, проре́женный им как пыль,
пахнущий мокрой пылью, распускающий петли
зрения через одну, в которую вдет ковыль

воздуха, смазанного каждым своим движеньем
по самому себе, по шарикам водяным,
идущего по себе мелким сукровным жженьем
и без огня преходящего в дым,

щиплющий горло… Но где теперь эти слёзы!
На каждом цветочном дне, в каждом углу травы,
синие до слепоты, до дна дождевой желёзы.
Вот и всё, дальше дождь — только рифма листвы,

*

той, что ближе всего (всего точнее — осина,
костяшками по костяшкам застукивающая себя врасплёск),
той, что ближе всегда, чья дыхательная остина
держит сердце, идущее в рост,

перенимающее это слепое бегство
от корневых основ до корней волос
и обратно, как судорожное соседство
каждого с каждым — в голос, в лицо, вразнос, —

соседство с детскими голосами
птиц, выкармливающих своих старичков
под водяными солнечными часами
мясом откормленных червячков,

*

откормленных сладкой землей, землицей,
вечными обещаниями ее —
всем, что по́том ее затянется, пото́м утеснится
в новое черное тело свое,

всем, что пахнет сейчас, как только что срезано, сжато,
сорвано с веток, срублено, сметено,
пахнет раем — запахом без возврата;
так, наверное, там и должно

пахнуть (как здесь), как будто идут от края
поля зрительного огромные огненные косцы,
но не двигаются, в каждом взмахе сгорая
до горького пепла, до сладкой пыльцы,

*

до тишины, но не той, что ставит на место
слух, вправляя вывихнутый его сустав,
а той, что для слуха находит место
в самой себе, составом его став, —

звуком, целым звуком, но не звучащим,
а зовущим всё, что ни есть вокруг,
называющим всё по имени в этой чаще,
чтоб в ответ услышать звучащий звук,

но не зовущий, а проходящий мимо,
за деревьями, в сторону той реки,
где говорят друг с другом неостановимо
только глухие камушки и нéмые пузырьки,

в сторону той реки — немедленной ровной прозы,
что видит только деревья и облака,
которую видят лишь ласточки и стрекозы,
то низко-низко, то свысока...

II.

*

Труден день по имени, выговоришь едва
на сломанном языке, всеми его костями,
сросшимися неправильно, сросшимися в слова —
зубчатыми, зазубренными, стиснутыми частями.

Откуда, с какого неба, с какой такой высоты
он упал в этот день, чиркнув пораньше спичкой,
и засветив огонь, и не помяв цветы,
и рассыпался в прах, в прах и пух перекличкой

ближнего с дальним — в порх, в перепарх врасплох
светом застигнутых птиц, как бы тихо ни спали,

как бы ни слушали тьму со всех ее четырех
сторон, пахнущих ветром с дальним привкусом стали,

*

с призвуком блеска, защемленного пока
между верхним веком и нижним веком,
там, где спекаются в корку новые облака
и звуковая тоска уже скребет по сусекам,

чтоб хоть с примесью праха, хоть с песком на зубах,
а все равно набрать этой серой мучицы,
этой серенькой му́ки — только, только за страх,
подпирающий горло там, где сошлись ключицы,

где сошелся клином в каждой линзе травы
весь переломленный свет переломанной речи,
что срастается медленно в сером тесте молвы,
на каждом углу паденья идущей в тугие печи

*

воздуха, узкого воздуха, молвы, набирающей дрожь,
как на дрожжах — на пару, на перьевом напоре,
каждой по́ре земли, ложащейся сплошь под нож
в горькой радости и сладчайшем горе —

обескроветь, избыться, но кровью своей намыть
солнечные хрящи в темном лесу обломков,
чтобы опять ввила́сь голосовая нить,
чтобы хоть вкривь, хоть вкось, но на роду потомков —

на этой кашке несладкой, этой траве-дворе —
было написано светом от края листа до края
всё, что прочитано светом в утреннем букваре,
открытом на «д», на дворе, в каждой капле воды возгорая,

*

в каждой капле огня угасая выпуклыми от росы
буквами — для слеповатых глаз, отвыкших от этого света,
мимо которых плывут медленные часы,
выгибаясь, вгибаясь и забываясь где-то

за углом отраженья, где качается ветка воды,
полной сирени, за которой не ви́дны
полные всякого цвета воздуховы́е сады,
трубящие обо всем, чему сегодня повинны:

жару и трепету, и небольшим дождям,
и птичьему голоду, и слепоте куриной,
и львиному зеву, и грибничным дрожжам,
и воздуху, что саднит пропотевшей землей и глиной,

*

и ветру, ветру, конечно, срывающему с дерев
блеск — со спинок листвы, весь, до последней блёстки,
ветру, сменяющему на милость свой нисходящий гнев,
а милость — на благодать, у самой земли, у горстки

тополиного пуха, у кочки, у курочек-петушков,
у мать-и-мачехи, иван-чая, иван-да-марьи,
места-и-времени, у теней облаков,
у облаков теней, у пыли, у тонкой арии

пыли, поющей на простом языке
о рассыпанном свете, смешанном со следами
того, кто проходит по ней, вертя стебелек в руке,
на языке вертя по складам, складами

горечь и сладость, сухость и влагу, «нет»
и «да», «да» и «нет», слова и
не-слова, и вопрос, и на него — ответ,
и считает ворон, считает ворон — до стаи...

III.

*

Между глазом и светом не воздух, а то,
что прежде воздуха, — вода, сплошная вода,
и в ней всё ходит, ходит крупное решето
отсюда — туда, оттуда — сюда

и оттуда вычерпывает всего — Ничего,
а отсюда — всего ничего — день за днем,
и свиваются в клетках синеватых его
жгутики дымной воды, пахнущей вечным огнем,

а по краю зренья — красная полоса,
этот самый огонь, дальний степной пожар,
вечно идущий на детские голоса
в рослой траве заблудившихся гласных пар,

*

что потеряли друг друга как брат и сестра
в темном саду соответствий, на светлом дворе,
в трех соседних травинках — завтра, сегодня, вчера —
и друг друга зовут: «А! У! О! И! Ы! Э!»

Ау, боги! Вы где? В этом ветре, поднявшемся вдруг,
вас не видно, ау, милый брат, сестра золотая,
в этом ветре вкруг вас каждый с вами согласный звук
будет у́же себя и шире себя, тая́ вас и та́я

в вас, ваших зернах, что всюду взошли, трубя
во все орудья свои, во весь дух, поддавая жа́ру
небесам, прожигающим облака, чтоб увидеть себя
в каждом звуке — тотча́с к облакам возносимому пару

*

на ваших зернах дыханья, на столбиках духовых —
прямо в раскрытые рты сидящих по краю прожога
многоочитых стрекоз, в страшных масках своих
каждый звук подносящих к лицу Бесконечного Слога,

что звучит возле глаз большой соленой водой,
подступает к роговице маленькой волной соленой,
надувает веки маленькой большой бедой,
машет в глубине веточкой зеленой.

Веточкой чего? И не разглядишь,
только кажется, что — погасшей сирени,
перелившейся в воду, оставившей в ней лишь
свои тяжелые, душные тени,

*

оставившей лишь место, где она была,
оставившей лишь время, где она дышала,
где она цвела — кра́сным красна, бе́лым бела —
влажным вращеньем своего многоосного шара

ночью безосной, вертящейся во сне
как ребенок, то одну, то другую влажную щеку
подставляя под звезды, которые веют в окне,
чуть шевеля на темном дворе осоку,

чуть шевеля сухие губы ее,
еще не остывшие, не выбеленные росою,
чуть говоря ими первое слово, ничье —
короткой дыхательной полосою:

*

одна кивнет и другая кивнет
и распрямится, и распрямится,

будто идут в недальний земной поход,
на каждом шагу в руки роняя лица,

будто идут прочь со своего двора
и несут легкое теперь совсем уже слово,
теперь совсем уже — слово, которому прочь пора,
плыть пора, до утра, по волне — полове, половинке пустого

зерна, легкой лодочке, слабой ладони, туда,
где не воздух, а то, что между глазом и светом,
что прежде воздуха — вода, большая вода,
плыть и плыть, за этим простым ответом:

Часть вторая

I.

*

Листьям, уставшим стоять на одной ноге,
листьям, уставшим насмерть стоять по обе
стóроны, хочется вниз, на землю, по спирали-петле-дуге
и — ничком-пустячком, в жару и ознобе,

в жáре своей Равенны, подробных ее стен,
знающих, где у них губы, глаза и уши, —
равенстве сердцем стать в легкой корзинке вен,
что к завтраку на траве приносит сухие души

(но в ледяном поту), чтобы взяла рука,
женская, голая, всё, что не сказано за год,
всё, что за лето сказано на языке черешка,
и отправила в рот, черный от красных ягод;

*

всё, что за год не сказано: отсутствия острый край
по краю веток, такой, что, ветер взрезая,

пускает ему свет — голубой ледяной закрай,
чуть отступающий от края веток, от края,

который помнит, как стояли на нём,
дрожа всем телом, готовые стать паденьем,
клапаны медленной меди, каждый — слеп, глух и нéм,
пока его не коснется, как пальцы Диззи, подённо,

холодок *его* ноты — пятнышко координат
в этой песенке, что почти уже спета,
почти уже «с лета», но можно по ней назад
подняться в горячее горло лета —

*

к тому, что сказано, в голос, каким бы ни
был этот голос — шумом, шелестом, вздохом
пятнышка тени на пятнышке солнца, в тени,
их двузначным переполохом;

сказано ветру, на ветер: «Ветр,
мы еще полетим с тобою,
мы не птицы, мы не обманем, верь,
мы не играем своей судьбою,

мы ложимся, как попадет,
в грязь лицом или нагретой спинкой,
даже не зная, что — чёт, что — нечёт,
и ты становишься невидимкой»;

*

сказано птицам: «Птицы, мы время вашего дня
спрятали ночью от маленьких острых клювов
звезд, что звенели, в наши щиты звеня,
пробиваясь в гнезда, к их очагам, углю их;

верьте, птицы, мы не оставим вас,
мы не ветер, мы не откроем тайны

вашего времени: каждый ваш тихий час
мы будем над вами, забвенно-случайны»... —

И все смешается в черном прекрасном рту,
станет женским нескудеющим телом,
станет скуделью, расскажется в черноту,
и, перестав быть словом, станет обратно делом,

*

делом длинных, идущих пó воду глин,
делом воды, на поводý идущей,
делом пахотных, тянущих лямку, длин,
ставших временем, самой гущей

времени для всех осенних вещей,
знающих форму, обведенных по краю лаской
формы, в которой живмертв кощей, —
косточка в мякоти сладко-вязкой,

косточка, колющая в бок сквозь сон
быстро темнеющим словом «рядом»...

...Рядом, со всех четырех сторон,
ходит грохочущим яблоневым садом,

ходит во тьме и трясет стволы,
топчет паданцы, освещая белым кипящим соком
спящее тело, цвета древесной золы,
и другое, свернувшееся под боком...

II.

*

Слепые мелкие буквы, страшные имена,
где-то уже зазубренные, вызубренные вами,
мокрой бумагой в пальцах расползшаяся страна,
так высоко внизу, что шевельни губами,

и вы всё о ней скажете, как на крутом духу,
на этом столпе воздушном, этом холодном гуде,
этой облачной ставке — всякую чепуху,
что вы знаете знать о самом последнем чуде,

что вы знать не знаете о черном теле своем,
его слепоте, выжженности, каждой родимой щербе,
его превращении в чернозем,
в сад вишневый одним «ich sterbe»;

*

знаки земли, читающей по губам,
что смотрят сверху, свою легенду,
свой суетливый шум, свой хлопотливый гам,
свою светлеющую аренду,

свою поблекшую краску, выцветающий цвет,
свет высветающий, высвечивающий свойства
этих воткнутых в землю хвостов комет,
этих звездных дождей на грудь своего геройства,

свойство за деревом видеть его лес,
или его рощу, или другие виды,
свойство смотреть вслед уходящей природе без
удивления или обиды,

*

просто — в даль, где не сходится ничего,
ни один ответ — ни с одним вопросом,
только свистит лыжня и хлюпает вещество
зимней какой-то песни под самым носом...

Эту песню гнусавит уже давно
клюв, держащийся пó ветру, за спрятанный в нем запах,
от которого в горле становится вдруг темно
и сухая ветка трещит в оскаленных лапах,

и раздается в воздухе тихий двойной удар,
как два тона сердца, уже стоящего в горле,
и отвечает им горло двойным однотонным «карр!»,
слышным везде, с гор воздушных, из нор ли,

*

из нор ли воздушных, выеденных изнутри
всяким дыханьем, в самую сладкую пору
славящим бога всех червячков и тли,
каждую сытную, ситную пору,

ведущую, как ни петляй, — насквозь,
клеточками голубоватого меда;
как ни петляй, получается ось,
выйдешь наружу и видишь: ушла природа,

вон идет по дороге... Но кто это с ней
(тонкая тросточка и накладная косица)?..
И чем дальше они, тем всё ясней, ясней,
о чем они говорят, будто лущит синица

*

семена их слов, глохнущие на ветру,
глохнущем на словах, от каждого их слова,
говорящего: «Не взойду, аще потом не умру.
И сейчас, не взойдя, умереть готово,

только бы не сказать, как не молчат сады,
как блестит в них вода, изменяясь в лице до дрожи,
в лицах последних листьев играя сцену беды,
но так, будто ей на всех не хватает кожи,

и разрывается, и небо не может в ней
себя рассмотреть и остановиться,
и всё ныряет в царство своих теней
из царства своих отражений птица,

и видит сонмы буковок-червяков
с лицами ангелов, наслепо затянутыми кожей,
такими же, — как в белой земле облаков,
на черную землю земли, как две капли дождя, похожей...»

III.

*

Сердце ложится на сердце и спрашивает его:
«Не тяжело тебе, сердце мое, на сердце?»
И отвечает сердце: «Нет, сердце мое, ничего.
Не тяжелей, чем тебе лежать на тяжелом сердце».

Воздух светлее света. Ниже воды трава.
Голос короче слова и заканчивается раньше,
чем заканчиваются еще теплые, еще золотые слова,
что в межсердии станут всё тоньше и тоньше

под ударами, до оглохшего лепестка
золота, чтобы хватило на оба тела,
очерченных наспех (насмех?) пока
черточками ночного мела,

*

что крошится, крошится в пальцах скупых,
дрожащих потерять каждую крошку,
дрожащих отдать мелу каждый, последний, штрих,
каждую мелкую сошку

этой земли, обведенной кожей, как всякий невечный град,
что обязательно должен быть разрушен
вечным градом, градом и снегом, и взят назад
по камню — для самых высоких башен,

из которых не слышно ветра, но виден весь
ветер, идущий по головам, считая

го́ловы единым числом «я-здесь»:
«Я здесь, моя рота, пока еще золотая.

*

Вы уходите в горы сторожить перевал
по колено в снегу, сбивая альпийские стрелы
рослых зеленых стрелков с той стороны, наповал,
соком их разовых тел туманя свои прицелы...»

Ветра не слышно за ветром, считающим в голове
до одного, до целого, до горячего шара,
катящегося вниз по катящейся вниз траве,
ждущего, в самом низу, удара,

последнего, первого, в горле, на языке,
между ключиц, в пальцах, в паху, в затылке,
в яблоках глаз, в яблоках, в нёбе и небе, в морях и материке,
в рудной жиле и трудной жилке,

*

удара, разбивающего напополам
белый налив и косточки, по обе стороны света,
что бьет между ними, шарит во тьме по стволам
карманным фонариком альфа-бета,

узкой дельтой выхватывая имена,
вырезанные, когда еще не существовали
имена, и яблоком полным висела луна
над лезвием выгнуто-вогнутой дали,

боясь шелохнуться, сорваться, изрéзаться на слои
времени, мéсяца, ущерба, роста,
боясь разменяться на все свои
отраженья, лунки, засечки, бороздки...

*

И говорят имена фонарику: «Посмотри,
здесь было лето, тело, теперь тут морщины, складки,
лишь древоточец узна́ет, как изнутри
эти сухие остатки сладки,

и напишет, не отрывая жвал,
об этой сладости витиевато,
проводя свои проводки, сохраняя слабый накал
веры в свое „непременно когда-то",

непременно когда-то выточится свод
его темноголосой капеллы,
и тогда мы падем, и тогда упадет
на его письмена твой свет белый,

и прочтутся они под любым углом,
вкривь и вкось уходящие в самую мякоть:
„Лёгок, лёгок теперь, почти невесом,
и поэтому больше не надо плакать"».

Часть третья

I.

*

Что изнутри о стаканчик сердца звенит,
кровь помешивая как палочкой стеклянной,
что́ ото всех щедрот, что́ ото всех обид
тенькает утренней пташкой-раной?

Еще прижата ладонью ветра ледяной
к животу (уже тучнеющему по кругу,
уже чреватому смертью — белой, чистой страной),
но просачивается, просачивается, по звуку,

по звяку, по теньку, по теньке стыда
за всю эту жизнь, обернувшуюся тенью
скупого, широкого жеста труда,
прямого, как речь, обращенья к растенью,

*

к тому, что внутри теперь — ветром заросший сад,
а снаружи — ветер, обросший светом,
черные колеи без обочины: ни повернуть назад,
ни пропустить того, кто следом;

обращенья к тому, что внутри теперь — только слух,
а снаружи свой, чужеющий, шепот,
уходящий всё дальше, и вот он сам уже глух,
и вот он сам — только белая копоть,

осевшая на всем, что дышало в эту ночь,
забравшая всё своей шестиугольной решеткой,
забившая поры на́прочь, напро́чь,
чтобы каждая гласная стала краткой и кроткой,

*

чтобы каждое слово стало короче себя,
но, как бы ни коротко, выпускало
белый клычок дыхания, мгновенным бельмом слепя
воздух и в нем оставляя жало

смысла, чтобы скорей умереть,
чтобы не жить в этом холоде, в этом твердом значенье,
в этом порядке слов, порядке едва на треть,
просто — сдавленных двоичной водой отчаянья

и так и примерзших одно к одному
своим теплом, и ставших от этого холодом,
и так и сложенных в зиму, в долгую стену, во *тьму
тём*, строящих черному гулу дом.

*

Это не ветер — ветер идет перед ним,
зачищая свет, ставя на углах заставы,
пристально глядя в глаза, оставляя в них ледяной дым —
для последнего слова немного силы и славы,

силы и славы стоять перед этой отчетливой глухотой,
что ходит в себе медленными, густыми волнами
ярости, ищущей берег, но взятой в круг пустотой,
четырьмя ее побе́ленными стенами,

в одной из которых долго не гаснет окно,
и свет фонаря за окном крошится, крошится,
и падая вниз, туда, где совсем темно,
до размеров зерна вырастает его частица;

*

и внизу светлеет, и не зёрна уже
брошены в землю, а земля брошена в зёрна,
и всходит в них белой сухой травой, старческим неглиже
снежного, говорящего правду, дёрна,

белого, как повелось, листа,
на котором слово напишет «пропала
тогда-то такая-то черта лица»,
в окне округленного до овала,

напишет, без точек и запятых,
с кривой рожицей и сгорбленным огуречком,
в ручках и ножках дрожа за этот и этот стих
и только прикидываясь человечком,

а на самом деле оно — пятно,
маленькая полостная ранка,
сквозь которую видно одно: темно
и страшно, до самого позаранка.

II.

*

С краю ляг и лежи, а когда придет к тебе время,
чтобы схватить за бочок, сделай вид, что спишь
и видишь, как в третьем, четвертом, пятом Риме
среди колонн пробегает мышь,

отбрасывая тень длинней, чем колонна,
когда низкое солнце под своим углом
смотрит на землю и видит мышь Аполлона,
бегущую под бесконечным столом,

с которого падают, падают белые крошки
хлеба, так много, что мышь сама
не рада, с трудом передвигая ножки,
и вокруг нее быстро наступает зима,

*

и утром пахнет как хлебом откуда-то с Охты,
и черный слезящийся воздух стоит в глазах,
и долго горят фонари, будто идут с вахты
шахтеры в длинных, на черных лицах, слезах;

и всё, что вечером знал наизусть, исчезло,
выветрилось из головы на воровском ветерке,
от удара его понтового жезла,
завернутого в газетку, зажатого в легкой руке,

и, с легкой его руки, исчезли все мелкие знаки
и дальнозоркие звуки; и вызревшие фонари
разом упали в снег, и втянули носом собаки
розово-серые скользо́ты зари,

*

и жизнь оказалась маленькой, синегубой,
с коромыслицем варежек в рукавах пальто,
с черными метками глаз, уже́ сутулой, сугубой, —
как ответ на вечный вопрос из-за двери: «Кто

там?» «Это я». «Кто это — я?» Пустая
ветка скребет по стеклу, просит ее впустить,
в инфинитиве окна саму себя знать не зная,
зная лишь инфинитив темного времени — «жить»;

где и когда — все равно: в этом саду безымянном,
том безымянном саду, в обществе честных ворон,
в обществе белых воров, кому ничто по карману,
когда нищета стоит с четырех сторон

*

и просит не милостыни, но милосты́ни
у низкого солнца, холодного пятака,
приложенного ко лбу голубой, в ознобе, пустыни —
пу́стыни единственного дурачка-

отшельника, чтоб охладить его мо́рок,
пылкую толчею белых зверей в черепке;
ходи за ним по пятам хоть сорок, хоть трижды сорок —
ни следа не останется на голубом песке,

топчи его зрачком, впечатывай в него роговицу,
черти́ по нему клинышки вкривь и вкось —
ничего не останется, зримого очевидцу,
но прочтется с той стороны, насквозь,

*

прочтется по ребрышкам, по нажиму,
задом наперед, с запада на восток,

прочтется, как пальцы читают зиму, —
по иголочкам крови, не чуя рук,

по коготкам, что увязли в немеющей коже,
когда по ней навстречу идет мороз,
и вытащить лапки птичка уже не может,
и замерзает, и в горле вступает кость,

полая зазубренная свистулька,
манок, вызубренный наизусть,
устного воздуха сужающаяся втулка,
до подножной ости уже подснежного — «пусть»,

до последней занозы, последней зазнобы,
до последней ниточки холодка,
ниточки живой, на которую — только чтобы
примерить пока.

III.

*

. . . .
. . . .
. . . .
. . . .
. . . .

. . . .
. . . .
. . . .
. . . .

. . . .
. . . .
. . . .
. . . .

*

Пустые, белые реплики, выпущенные строчки
(то ли актеров мало, то ли пьеска слишком длинна),
сорочьих крыльев следы на выпушке, на оторочке,
там, где кончается белая выдубленная страна

и не хватает пергамента, телячьей радости кожи —
затянуть это место, где было бобо
и поэтому было ля-ля, тополя, до несмыканья, до дрожи
в голосе, кроме листвы, не помнящем ничего,

не знавшем ничего, кроме этих лиц, дрожащих,
в слезах, размазанных по желтым щекам,
склонявшихся над ним всё безумней, всё чаще,
всё ниже и ниже — ко влажным его вискам,

*

на которых теперь маленькие узоры
сонного пара, ставшего бессонным льдом,
всё, что сказали холоду пóры звучащего жара,
всё, что стало их буквами, выведенными с трудом

по северным прописям, по нажиму
ветра павловского, что вяжет вензеля
вокруг шеи, стягивая сонную жилу,
особенно если всё ясно, и ниже нуля,

и звезды качаются вправо, и звезды качаются влево,
те, что еще остались в этом чужом саду,
те, что повыше, послаще, — перезрелые сливы
в мягких кристаллах сока, говорящие «упаду»,

*

а когда упадут, к утру, тогда все четыре угла платочка
сини от слез или до слез,

а в середине висит набравшая снега тучка,
и чайка пронзает ее насквозь,

как стрела — сердце; и деревья держат отрезки
воздуха и только и ждут *прямой*,
где на том краю тополей все окончанья нерезки,
даже если тебя зовут со двора домой,

и птицы летят, не видя конца и кромки,
как брошенный на ветер, кричащий сор,
туда, где все начала трудны и громки,
особенно если тебя зовут из дома во двор

*

играть в снежки и кричать, пока не сорвешь голос,
пока в нем льдинка о льдинку не заскрипит,
пока не нагуляешь гулкий звериный голод —
сожрать с потрохами весь этот певчий вид,

всё это пух-перо, воткнутое в бумагу,
эти коленца-лопатки, торчащие сквозь нее,
это кружение крыл, если прибавить шагу,
это, смотря свысока, колкое сердцу жнивье,

это босому ему чтобы кололо, кололо
маленькой жизни колó, белый вертящийся круг,
белый — как будто к доске вызвана целая школа
и получает колы́ — и зеленеющий вдруг,

и вращающийся всё быстрее, быстрее,
до того, что губ своих не различает чтец,
но читает, пока не сорвутся с них, рея
в новом воздухе ласточки наконец

КВАДРАТИКИ

*

Смотри, как пусто все кругом,
по слову этому пустому,
как вздох от сердца вечерком,
сжигающий гортань Содому,
растущий шаром по углам,
которым покати — такая
пустыня выпадет козлам,
льдом отпущения сверкая!..

*

Вот небо в небе, вот земля в земле,
вот бог сидит на веточке еловой,
сидит в своем лохматом серебре,
во все глаза следя за жизнью новой,
за жизнью старой, нá день поновей,
в которую глядит осоловело
состарившийся нá ночь соловей,
глядит совой, глядящей осовело.

*

Смотри, пока не надоест
на это всё одно и то же,
на этот снежный палимпсест
всех светлых мест на темной коже.
Один и тот же частокол,
где всё вокруг всего лишь около,
и взгляд не различит в упор
Иеремию от Софокла.

*

Вот ветер дикий, а внутри него
есть ветер тихий — зернышко потока,
есть веянья простое вещество —
касанья вестовая подоплёка.

И ты ее узнаешь, *Или я*
узнаю эту ветхую изнанку,
запекшегося зрения края
смыкая как открывшуюся ранку...

*

Смотри за тенью — тень растет,
в лыжню вытягивая ноги,
и вырывается вперед,
и отстает на полдороге,
но сзади (не смотри за ней)
она недолго будет жалкой,
вернется Тренером теней
и ткнет под ребра лыжной палкой.

*

Вот так и водишь речь свою всегда
за варежку пустую, «гдежеручку»,
сгорая от морозного стыда,
уже не дочку, но еще не внучку —
на тот скелет ракеты во дворе,
из сопла вылетая на картонке,
чтоб звездануться носом в декабре,
когда согласные все парны, твёрды, звонки.

*

Смотри вдоль воздуха, смотри
на этот профиль сильных воинств,
дыханьем на ребре верти,
ветри монету всех достоинств,
загадывай на всё ничто,
на нечто всё, по крайней мере,
на сумму дыр, на решето,
а чудеса — смотря по вере.

*

Вот след. Возьми его и принеси
хозяину в горячей, мокрой пасти,
как подтвержденье права: ешь, еси,
как часть от целого и целое отчасти.
Возьми и положи к его ногам
тот запах ангела, раскушенный в два слога,
тот поднятый на воздух шум и гам —
к железным сапогам большого бога.

*

Смотри, не видя ни кола,
на сбычу вечного прогноза,
что ночью Палкин Николай
откроет, напустив мороза,
тугую форточку во двор,
где кол из прошлогодней ели
стоит коло́м, как разговор, —
весь в мишуре и канители.

*

Вот оно и оказывается:
говорить проще, чем подумать просто.
Прозой и ты, оказывается,
говоришь, но с прозы теперь и спрос-то
невелик. А думать — что Пушкина
черновик: смотри, золотая рыбка
в эти водоросли запущена,
как систематическая ошибка.

*

Смотри под ноги, не споткнись
об эту землю в три комочка,
об этот бестелесный низ,
где к черной точке жмется точка,

но спотыкайся головой
об эти линии кривые —
шаги веревки бельевой,
где тряпки мокнут ветровые.

*

Вот этот голос, им и говори,
дрожа в себе коробочку пустую,
им говори, которые внутри
коробочки рассыпались вчистую.
Так жук зеленый, в шерсти негустой,
забытый в коробке́ сто лет на даче,
шуршится серой, серной пустотой,
вербальной предоставленный удаче.

*

Смотри, как светят окна те,
смотри, как стекла запотели,
как их подносят к темноте
проверить, жив ли в самом деле.
Там две старухи вот сейчас
из поварешки отхлебнули,
решив, что смерти в самый раз
в их общей суповой кастрюле.

*

Вот на ветру фонарики одни,
вот на ветру фонарики другие,
вот сада беспросветные огни,
вот света насаждения кривые,
их спутанные летом провода,
их да и нет, ведущие наружу,
от плюса к Миносу, по ниточке, туда,
где Ариадна ждет, сжигая стужу.

*

Смотри хоть краем, уголком
в сторонку, чьи дела — сторонка,
в глаза, юлой, а не волчком
смотрящие из глаз ребенка,
что длинной посреди строки
вдруг отрывается от слова
и получает все снежки
в лицо. И получает снова…

*

Памяти Д. Н. Гобермана

Вот стол. Он стал. До этого он был.
На нем — бутылка, а в бутылке — слово,
сухая роза, желтенькая пыль,
и ничего не сказано другого;
и ничего не сказано ни здесь,
и ничего не сказано ни в этой,
ни в этой строчке: где — благая весть,
где — взвесь, блуждающая воздуха приметой.

*

Смотри, ведь это все равно,
и ни фига, что шито-крыто:
как человек, лежит бревно
кровавым талесом укрыто;
и ни фига, что чудеса,
и ничего, что в глаз, не в бровку:
на пятьдесят бы два часа
всех вас на Невскую Дубровку!

*

Вот так и музыка сама с собой
всегда играет в маленькие руки

в разлуках крови темно-голубой,
по пальцам пересчитывая звуки.
Она, как в морозильнике маньяк,
их бережет, вытаскивая только,
когда нужна мазурка или полька
или потыкать ноты просто так.

*

Смотри сюда, как не сюда,
смотря в глаза густому студню:
здесь в полночь умерла вода,
и воздух здесь умрет к полудню.
Смотри отсюда, но не так,
как смотрят, отвернув отсюда
глаза, а как дурак, дурак,
что ждет обещанного чуда.

*

Вон там звезда, и там еще звезда,
а больше звезд отсюда и не видно;
одна — «всегда», другая — «никогда»,
чтоб звездочету не было обидно,
что третьей нет и не было звезды,
что Альмагест открылся только дважды,
пока он шел сквозь мертвые сады
и звал ее по имени «Однажды».

*

Смотри, какая тра-та-та!
Какая смерть ложится в горло
из точки огневой, с куста,
и выпрямляет горло гордо!
И больше ты не видишь их
на линии летящей пули:
ни снега в ямках голубых,
ни солнца — генеральской дули.

*

Вот так жизнь жрет (в два слога) тот маршрут,
так жизень *он* жерет (в четыре слога),
как ни проси, не остановит «тут»,
не остановит он ни ради бога,
ни рядом с богом, где стоят снега,
стоят снега и голосуют птички,
поедет прямо к черту на рога
или еще подальше — на кулички.

*

Смотри, останешься внутри
на всю торжественность момента,
как в этом трио эти три
протеза, а не инструмента.
Но пуля делает круги,
а ты за ней все смотришь спьяну...
И вот — плывешь по океану,
как Барри Линдон без ноги.

*

Вот здесь и тайна, в этом самом дне,
во дне самом, вот в этом сером флаге,
вот в этом жирном смазанном пятне
на серой замусоленной бумаге,
где буквы жить сошлись не по любви,
но потому что врозь темно и страшно,
а так — ты хоть горшком их назови —
они ума оскаленного брашно.

*

Смотри на все издалека,
зови чужими именами,
чтоб не расслышали пока
за детскими большими снами

свои простые имена
и *что* кричишь на самом деле,
чтоб тихая спала страна
в их маленьком замерзшем теле.

*

Вот этот воздух, без него нельзя
сказать от сердца и вздохнуть не можно,
нельзя стоять столбом, звезду слеза
и веки разлепляя осторожно.
Вот этот воздух. Что же без него?
Молчать в сердцах и ставить пыль живую
столбом позорным посреди всего,
не разлепляя губы поцелую...

*

Смотри, подглядывай в окно,
в одно окно, другое, третье,
смотри советское кино
про III тысячелетье.
Ну, где же ты, прелюбодей!
Где белой белочки провизор?
Где мал-мала... Там нет людей.
(Лежат и смотрят телевизор?)

*

Вон там в окне, хотя давно темно
и узкие уже́ настали сроки,
сидит ребенок и глядит в окно,
и делает последние уроки.
Он оставляет строки как рубцы
на теле, точно это в самом деле,
что вдоль дороги мчатся мертвецы
и тянут руки к поезду-постели.

*

Смотри-смотри, не вороти
нос, нюхай этот след пахучий,
не сбейся с пёсьего пути,
беги, беги за спесью сучьей
той сучьей ссученной страны,
чья на износ трудилась матка, и
все щенки теперь должны
за молоко искисло-сладкое.

*

Вот так лежат: ногами к голове
и головой к ногам, кто — дамой, кто — валетом,
поленницей, дровами на траве
и на творенье тварью, трафаретом.
Их заштрихует мягкий карандаш,
а твердый — между ними все просветы,
тогда огонь взойдет в них, баш на баш
меняя пламена на силуэты.

*

Смотри, вот зимний Гераклит
у костерка едва живого
лежит, а костерок дымит —
огня поскребыш мирового.
Огонь становится водой,
но прежде — воздухом слезящим,
вода становится бедой,
но прежде — временем стоящим.

*

Вот здесь, в помойно-мусорном каре,
из брюха полыхающего бака,
из всех ошметков жизни, из пюре,
из попурри, где роется собака

(она же — крыса, голубь, человек),
с раскатом всепрощающего мата
и должен встать обиженный навек
в горящей шубе местный Фарината.

*

Смотри на снег. На *что* смотреть?
А вот на эти, вот на эти,
торчащие наполовину, треть
по горло, трепетные плети.
В них больше нету вещества,
и можно пить сквозь эту «нету»
пустые долгие слова,
в затылок всасывая Лету.

*

Вот и всерьез: и свет всерьез, и тьма,
и утро (день один), и вдох, и выдох,
а всех всерьезней русская зима
во всех ее хрестоматийных видах,
но сердце оставляет лишь один —
зернистую, ч/б, слепую фотку:
среди раздробленных буксиром льдин
речной воды чернеющую водку.

*

Смотри, вон человек идет
по воду, человек, по воду
и тихо падает вперед,
и превращается в колоду
библиотечных битых карт,
крапленых сплошь голодным зубом...
Теперь январь, февраль и март
он будет каталожным кубом.

*

Вот так засыплет снегом «простеца»,
и он увидит страшную «Элладу»
и выйдет к людям к весточкой истца,
которому с людьми не будет сладу.
Ха-Це уснул в сторожке под Горой,
Це-Ха заводит с кошкой разговоры,
пока сужая в крик волшебный строй
гигантский Ленц шагает через горы.

*

Смотри во двор, смотри стоп-кадр
кина собачьего смешного,
жмись лбом к стеклу, держи удар
его молчания большого.
Кто первым рассмеется, тот
и будет в том бою бескровном
последний первый идиот,
прижатый стеклышком покровным.

*

Вот так от слов уходит воздух, с
губ смотрят вниз они и говорят друг другу:
там дальше некуда, молчите, тсс,
не то падем и превратимся в груду
сухих костей, потом — в сухую пыль,
потом — в сухую пыль иссохшей пыли,
никто про нас не скажет «это быль»,
никто про нас не скажет «жили-были».

*

Смотри, любовь моя, зерно,
как нам в земле тепло и сладко,
как нам с тобой темным-темно,
как не оставит отпечатка

свет времени у нас в глазах,
чтоб не созрели, не взошли мы,
чтоб ночи, длинные как зимы,
смешали наш ослепший прах.

*

Вон там квадратики впотьмах,
горящие простые души,
пиши «впотьмах», читай «в домах»,
чьи стены да имеют уши,
чтоб слышать в общем ничего
особенного: смех и слезы,
и крик, и шепот — вещество
прекрасной жизни, страшной прозы.

ЧТО ГОВОРИЛ СВЯТОЙ ФРАНЦИСК

I.
ЧТО ГОВОРИЛ СВЯТОЙ ФРАНЦИСК БРАТУ ЛЬВУ, КОГДА ОНИ ШЛИ ЗАДОМ НАПЕРЕД ИЗ ОБИТЕЛИ САНТА МАРИЯ ДЕЛЬИ АНДЖЕЛИ В ПЕРУДЖУ

Всё, мой братец, барашек-лев, совсем наоборот,
мы ступаем в свои следы, но задом наперед,
ты идешь впереди меня, но будто позади,
я иду позади тебя, но будто впереди,
нам ветрюга собачая по-прежнему не брат,
разве прежде он бил в лицо, а нынче бьет под зад,
как привратник учёнейший, но тот покрепче был,
что в Марии дельи Анджели нас Радости учил,
он увесистой Радостью — и в гриву нас, и в хвост,
меньше, чем в головах у нас, на небе было звезд,
лучше знать их движение, чем кровью пачкать снег,
лучше ставить мир ná уши, и ná ноги — калек,
лучше ботать по-ангельски, и падаль воскрешать,
чем в Марии дельи Анджели снег с кровью жрать опять,
всё, мой братик, барашек-лев, пиши наоборот,
как евреи, но не совсем, а — задом наперед,
так вернемся в Перуджу мы, затылками смотря,
как над веточкой Умбрии склоняется заря...

(Fior. VII)

II.
ЧТО ГОВОРИЛ СВЯТОЙ ФРАНЦИСК БРАТУ МАССЕО, ПОКА ТОТ КРУЖИЛСЯ НА ПЕРЕКРЕСТКЕ МЕЖДУ СИЕНОЙ, ФЛОРЕНЦИЕЙ И АРЕЦЦО

Братец Массео, какой же ты все-таки дурачок!
Ишь развертелся, ну вылитый деревянный волчок.
Думаешь, это Бог тебя так вертеться запустил
на перекрестке? Ладно, кружись, пока хватает сил.
Что ты лепечешь? Кто? Франциск тебе приказал?
Даже не знаю, ты слишком велик или я так мал?
Не отвечаешь? От всей латыни — только «ох» и «ах»!
Не про тебя ли, чурбан, кубарь бишь, писал Каллимах?

Не на тебе ли, дрейдл, эти «нэс гадоль хайя по»*,
как у евреев, только — *здесь, здесь*, от Таранто до По?
Вот бы мне кнутик, чтобы тебя подгонять, подгонять,
чтобы как солнце ты падал и поднимался опять.
Что мне Сиена, и Флоренция, иАреццо с ней!
Пусть бы там сдохли третий, четвертый и пятый злодей,
пусть бы не видеть их перекошенных, широких рож,
пусть бы не слышать, как в каждой складке шевелится нож!
Только б вертелся ты вокруг лысой своей головы,
только бы зёрна в мельницу падали без половы,
только б струился из-под жернова свет муки святой...
И не надейся, мой братец, я не скажу тебе: «Стой!»

(Fior. X)

III.
**ЧТО ГОВОРИЛ СВЯТОЙ ФРАНЦИСК БРАТУ БЕРНАРДУ,
ПОКА ТОТ ПОПИРАЛ ЕМУ НОГАМИ ГРУДЬ И УСТА**

Что же ты, братец Бернард, вдруг стал как перо и пух,
будто в тебе не мослы, а всего лишь Святой дух?
Что же дышать перестал, что сдулись в груди меха?
Думаешь, стали теперь легче твои потроха?
Нет уж, куда им! Да пусть каждый твой маленький вдох
станет быка тяжелей, а лучше — двух или трех!
Грудь мне ногой попирай, другой топчи мне уста:
трижды позвал я тебя... Куда уж мне до Христа!
Был ты тогда у Него, знать, на духовном пиру.
Я-то подумал (слепец!), ты ягоды ешь в бору...
Что же меня не позвал брашно с тобой разделить?
Или так сладко вила́сь речей золотая нить,
что человечишку вы знать не хотели совсем?
Или струхнули, поди, что я вас вдвоем объем,
вот и забыли меня, как мне и надо, в людской,
только бы я не смущал, патриции, ваш покой?

---

* Чудо великое было здесь (*др.-евр.*)

Что же, топчи посильней, что ж, поучи-ка уму
тварь, чтобы знала она: му-му-му, му-му-му!
(Fior. II)

IV.
**ЧТО ГОВОРИЛ СВЯТОЙ ФРАНЦИСК БРАТУ МАССЕО
ПО ДОРОГЕ ВО ФРАНЦИЮ**

Ты, брат Массео, хорош собой, вот и накидали тебе горбух,
а у меня за пазухой — что Святой! — даже не хлебный был дух.
В той церкви, помнишь, маленькой, ты еще так долго меня искал,
просто для этой церковки был ты великоват, а я был мал,
вот я в алтарь и спрятался, чтобы там пропечься пожарче мне,
чтобы покрыться корочкой, чтобы захрустел я в ее броне.
Ну что, похавал корочек (может, и курочку где прихватил?),
давай теперь померимся, у кого из нас двоих больше сил.
А ну-ка, брат Массеушка, ну-ка, подавай мне себя сюда!
Посмотрим, что из двух сильней: Огнь или в твоем желудке еда.
Я только дуну на тебя, ты сразу и полетишь кувырком,
в Сирафе так один купец над нашим потешился моряком.
Ага! Вот ты и полетел! Прямо как петух взлетел на насест.
Чтоб ты оттуда не упал, я тебе подставлю воздушный шест.
А ну, кричи ку-ка-ре-ку о том, какая же там благодать,
как можно с этого шеста всю Францию нам с тобой повидать...
Там строит маленький король всю свою жизнь огромный собор,
туда с тобой мы не пойдем, пора нам спуститься с воздушных гор.
(Fior. XII)

V.
**ЧТО ГОВОРИЛ СВЯТОЙ ФРАНЦИСК ВОЛКУ,
КОГДА ДЕРЖАЛ ЕГО ЗА ЛАПУ**

Бра́т волк, бра́т волк! Ну и лапа! Разве в людской руке
есть так много силы — не той, что в стиснутом кулаке,
и не той, что гнет железо и шеи железом гнет,
и не той, что в бледных пальцах держит сладчайший гнет,
а такой, что тихо в самой себе лежит, как в руке
чьей-то тихой, но не сильной, а знающей: всё в руке

чьей-то сильной, но не тихой и знающей: слаб — умри,
и у волка на сердце камнем ляг и лежи внутри
и наружу ночью долго смотри сквозь его глаза,
как из неба долго течёт на ветру звезды слеза,
а над теми, кто рядом с тобой камнем лежит, не плачь,
ты — калачик, но и тот, кто отведал вас, не палач.
(Fior. XX)

VI.
ЧТО ГОВОРИЛ СВЯТОЙ ФРАНЦИСК СВЯТОЙ КЛАРЕ ВО ВРЕМЯ ТРАПЕЗЫ В САНТА МАРИЯ ДЕЛЬИ АНДЖЕЛИ

Веточка Умбрии, на которой и лёд — как розы, и розы — как лёд,
что благовония, хлеб твой пахнет, и вода твоя сладкая как мёд,
и над соломою, на которой с трапезой нашей расстелен твой плат,
жар и сияние в холодке Портиункулы, как снаружи, парят,
и занимается от них серая пыль на голубиных сквозняках,
и поднимается к низкому своду она как воскресающий прах,
и крыша ветхая рада пламени, рада обрушиться наконец
прямо на го́лову — мне, от стыда сгорающему, совсем как юнец,
и над обителью жаркий воздух распаляется ещё горячей,
небо в лес падает, и лес горит, и в лесу пересыхает ручей,
и обыватели бегут с ведёрками в наш адский рай, наш райский сад,
веточку Умбрии спасать от розы льда горючего — и стар, и млад,
с ними — Пачифика, Бенвенута, и Амата, и Анджелюччия,
с ними — Чечилия, Кристиана, Франческа, Бенедетта, Лючия...
Так в Портиункулу они и ворвутся всем Ассизи, не чуя ног...
Поздно: доеден хлеб, вода выпита, и ты отряхнула свой платок.
(Fior. XIV)

VII.
ЧТО ГОВОРИЛ СВЯТОЙ ФРАНЦИСК ПТИЦАМ (ВСЕ ХОТЯТ ЭТО ЗНАТЬ)

И как вам не страшно, птицы, вставать у самого края
на крылышке остром, в синий огонь другое макая,

так, чтобы, спустившись обратно, воздух расшить словами?
Ведь вы — грамотеи, а воздух — тетрадь, сшитая вами!
Но кто же вас учит грамоте? Где эта школа, птицы?
Кто правит ошибки, ставит галочки на полях страницы?
Не тот ли, кто ставит галочек там, на вспаханном поле,
чтоб вы не считали ворон, мечтая летать на воле?
Чтоб вы не считали себя, а всё чертили, чертили,
на длинной странице о страшной птице страшные были,
о той, у которой в ладони, ступни и ребро вжаты
пять слез-чечевичек, что задумчиво-голубоваты,
о той, у которой шесть крыльев, но трижды шесть не птичье,
а лишь человечье, цветиком чахнущее обличье,
и капают слезы из рук, и ног, и груди на меня,
и вдруг закипают в руках, ногах и груди у меня.

(Fior. XV)

VIII.
ЧТО ГОВОРИЛ СВЯТОЙ ФРАНЦИСК
ДВУМ ХЛЕБЦАМ, КОГДА ПОСТИЛСЯ
НА ОСТРОВЕ ПОСРЕДИ ПЕРУДЖИЙСКОГО ОЗЕРА

Хлебцы, хлебцы, из теплого еще совсем Пепла,
ваша корка еще не засохла и не ослепла,
треснет корка, и выглянут из-под нее глаза,
будем вместе смотреть друг на друга, в слезу — слеза,
будем трое в шалаше из колючек ночевать,
будет кровлей терновник, из татарника — кровать,
ляжем рядом и будем путать, где звезды, где шипы.
Сколько крошек в каждом из вас? Как на небе — крупы.
Сколько надо мне, чтобы не сдохнуть за сорок дней?
Ни единой, но полхлебца из пепла — всё ж честней!
Крошка крошки крошки крошки крошки, и так, пока
не вернется смерть в му́ку, а из той станет мука́.

(Fior. VI)

IX.
ЧТО ГОВОРИЛ СВЯТОЙ ФРАНЦИСК БРАТУ МАССЕО, ТРИЖДЫ СПРОСИВШЕМУ «ПОЧЕМУ ЗА ТОБОЙ?»

Я скажу, брат Массео, почему за мной, почему за мной, почему за мной.
Потому что из сердца у меня течет черный сладкий гной золотой волной,
потому что он льется на мечи князей, на перчатки пап, золотинки слов,
потому что он льется на сукно и шелк, на чертеж и счет, на литье и кров,
потому что Бог — скотник и ведет меня, как вонючий скот — в золотую
                                                                                                клеть,
чтобы там я срамился, и взяла меня за мои бока в два прихвата плеть,
чтоб меня волочил Он по грязи назад, и держал в грязи, и кормил гнильем,
чтобы то посрамленье никогда уже не смогло уже порасти быльем,
чтобы жалко всем стало дурака меня, дурака меня, дурака меня,
чтобы всем захотелось гноя моего, сладости его и его огня,
чтоб скотины смутилась грязной и больной, страшной и смешной мира
                                                                                                 красота
и стояла с ней рядом, трогая рукой грязные бока, черные уста!
(Fior. IX)

X.
ЧТО ГОВОРИЛ СВЯТОЙ ФРАНЦИСК БЛУДНИЦЕ, КОГДА ХОДИЛ ОБРАЩАТЬ ВАВИЛОНСКОГО СУЛТАНА

Пойдем, зулейка, я ведь не Иосиф Прекрасный,
взойдем на пламя, на очаг возляжем атласный,
смотри, ласкает он меня своими углями,
приди скорее, распалим их дочиста сами,
смотри, зулейка, вот на чугунке я танцую,
прибавь скорее тыщу к одному поцелую,
султан во пламя не хотел войти вслед за мною,
а ты мне станешь на перинах жгучих женою,
смотри, я скинул донага свою мешковину,
и ты разденься, препояшешь после щетину, —
сестрица Клара носит из такой власяницу, —
пойдешь молиться в Бабье Лоно, вашу столицу,
войдешь к султану и смиренно скажешь султану,
была как ты я, не вошла в огонь, и не стану, —

огонь вошел мне холодком в горячее лоно,
и ты заслужишь холодка, султан Вавилона...

(Fior. XXIII)

XI.
ЧТО ГОВОРИЛ СВЯТОЙ ФРАНЦИСК ОГНЮ
ПЕРЕД ТЕМ, КАК ПРИНЯТЬ ПРИЖИГАНИЕ ВИСКОВ
РАДИ ИЗЛЕЧЕНИЯ ОТ СЛЕПОТЫ

Брат Огонь, брат Огонь, прости меня, но не милуй меня!
Лучше зубы мышей, и ночью в шалашике их возня,
чем тебя оскорбить этой кожей, этим лéкарством вен
у виска моего, будь он проклят, будь ты благословен!
Кочергу раскали, черную вещь доведи добела,
чтоб прощеньем твоим на висок мне тихо она легла.
Свет уйдет все равно, пусть от огня хоть останется след,
пусть войдет сквозь него нестерпимый, всё претерпевший, Свет,
и останутся звук, запах: в той же деревенской печи
из краснеющих глин для дома Его пекут кирпичи.

(Fior. XVIII et al.)

XII.
ЧТО ГОВОРИЛ СВЯТОЙ ФРАНЦИСК ЛАСТОЧКАМ,
КОТОРЫЕ СВОИМИ КРИКАМИ ЗАГЛУШАЛИ ЕГО ПРОПОВЕДЬ

Ласточки, вы думаете: что брызжет слюнями, осел?
Лучше бы он своим слюням другое дело нашел,
строил бы под карнизами круглые кельи налету,
брат Бернард, вон, возносится и не в такую высоту,
голову закинул и так и ходит уже целый год,
оттого брат ваш Эгидий ласточкой его и зовет,
вот и ты прилепись к Телу Господнему своей слюной,
вот и ты построй там келью вместе с твоей сестрой женой,
вот и ты заведи птенцов, кричащих на все голоса:
«Господи! Мы хотим есть, мы не ели уже полчаса!..»

(Fior. XV, XXVII)

ЗИМА ТРИНАДЦАТОГО ГОДА

1.

Ах, если бы, ладно — золотом, хоть оловом залить
и взять за у́хи голову и так ее нагнуть,
чтоб потекла по желобу умнеющая нить
и там внутри додумалась бы до чего-нибудь,
хотя бы до круглой пулечки, до ядрышка ума,
до той холодной дулечки, что завсегда в уме,
до ярмарочной гулечки, что насвистит сама
за черную копеечку: товарищ, не бздюме!
Вот с этой-то пулей-гулечкой и преломить ружжо
в зеленом тире маленьком, где мишка и кузнец
стучат по наковаленке, когда им хорошо,
когда в них пуля-дурочка попала наконец!

2.

Так просто подумать об этом,
как летом не думать о том,
что будет зима, и за каждым ответом,
за каждым закашлянным ртом,
за каждым зачуханным светом
придется влезать в общий том,
какой неизвестно по счету,
но едущий из-за угла,
где взял переплетчик в тугую работу
уже остальные тела,
трамвайную искру-зиготу
на две половинки деля.

3.

Квадрат — это круг с крылышками.

Е. Ш.

Не представить квадрата,
всех его четырех сторон
сразу,

но если представить,
что со всех четырех сторон
сразу стемнело, и глазу
сам черт не брат,
а хочет быть другом,
это и есть квадрат,
но лучше ему быть кругом
с крылышками...

4. ALSO SPRACH

...и здесь идет Бобра с Козлом
неспешная борьба
за место за чужим столом,
бей, барабан, труби, труба,
труби, труба, бей, барабан,
смерть, заводи кадастр,
идут Арбуз и Баклажан
и топчут взоры астр.

5.

Хоть запивай, хоть закусывай корочкой,
что-то застряло, что-то першит,
устрица намертво хлопает створочкой
и не пускает в себя алфавит
весь из углов, из иголок и скрепочек,
лезвий, скругленных до полной луны,
разных предлогов и всяких зацепочек,
чтобы вторгаться в жемчужные сны,
чтобы его, это тельце ненужное,
разве — на закусь, на беленький зуб,
вырвать, как сердце, что втерло жемчужину
в створ известковых, стрекочущих губ.

6.

Говори себе, повторяй
в молью траченный телефон,

что там скажет ворона: «Грай,
людина, как слышал звон!»

Там, где хворь, там и грянет хор
в ритме «Славься» на раз-два-три,
«мутабор», скажи, «мутабор»
и морской фигурой замри.

Пятилапой замри звездой
на каком-то кромлехе туч,
за дырявой кричи мездрой,
от наветренных слез горюч.

7.

И воздух, как прощание с ним,
свет в слуховом окошке,
где тонок, там и рвется дым
дыхательной гармошки,
где гуще, там еще стоят
колчаковские шинели
и видят мертвый Ленинград
на дне ночной метели.

В каком там плакали окне?
В каком беззвучно пели?

8.

Такое дело: листьев нет,
и не на чем писать
одно и то же всем в ответ,
что смерти нет, как листьев нет, —
опять, опять, опять.

Такое дело: листья ждут,
а некому писать,
все адресаты тут как тут

и смертью маленькой живут
опять, опять, опять.

9.

В рукав, за шиворот — везде,
где кожа горяча,
быть ледяной смешной воде
и таять, щекоча.

В лицо, затылок, спину, грудь,
живого места нет,
летят комочки — садануть
и высечь красный цвет.

Но если — подставляй висок
и ничего не жаль,
из темноты летит снежок
и пробивает сталь...

10.

*Интересно потухают
ленинградские огни,
тьма такая небольшая,
с дымным облачком внутри.
Этот ветер пахнет булкой,
испеченной только что,
пахнет горько, пахнет сладко,
как горящее пухто;
снежной радужною стружкой,
снятой сменою ночной,
пахнет горем, «гдежекружкой»,
пахнет смертью прикладной.*

11.

*Голубó — на голубо,
зелёно — на зелёное,*

небо — как над Бодайбо,
только забелённое.

Ну а что там зелено́
на горе забе́ленной,
это глазу все равно,
он уж неуверенный.

Там не яблоки висят —
облака прогуливаются,
и стоит зеленый сад
весь в голубом снегу с лица.

12.

Собака лает, ветер носит
последний, пустоватый, мрак,
всё так и есть, и есть не просит,
всё только признак, а не знак.

А знак один — приятный минус,
чернеют ветки хорошо,
мясник на двор обрубки вынес,
псы говорят: *ишо, ишо!*

Проходит жизнь, другая, третья,
и начинается кино
про черный день, тысячелетье,
эпоху, эру — все равно.

13.

Чья тень склоняется походочкой своей?
Чьей тени падежи — сутулые одежки?
Чьей тени говорят: шагай, шагай скорей?
Чью тень едва несут кривые птичьи ножки?
Чьей тенью станет всё, в любом ее лице,
и в чьей тени она передохнет в конце,

и позовет кого, и с кем разделит крошки
последние?

14.

Так инеем приглушены кусты,
те красные, и розовые ныне,
и мы приглашены туда для полноты
картины, чтобы стать в картине
вот этой птичкой маленькой, что вот
мелькнула там и нет ее в помине!..

15.

Снег паче гордости, белее униженья,
кнутов и пик следы на коже голубой,
здесь лыжники прошли, как сами за собой,
и смазывала кровь их дружные движенья,
и плоскогубый свист, немного жестяной,
меж ними проходил короткою волной,
как будто бы они друг друга подгоняли,
и звякали клевки надсмотрщиков-птиц,
и лыжники вперед, не поднимая лиц,
шли, каждым шагом полосуя дали.

16.

Вдохни и выдохни тот воздух непечатный —
короткий, сильный ветерок,
ученья легкого начатки,
с полуслова идущие впрок,
пошли подальше, туда, где деревья
подвешены в ледяной пыли
кустами лютого отребья,
пошли подальше, гулять пошли
туда, чтоб встретить по дороге
сугробы в желтых пятнах ран,
отрубленные руки-ноги
Бирнама, зимний Дунсинан.

17.

Деревья так разводят руками:
мол, что поделать, зима, зима,
и вы не будьте дураками
и каждой веточкой ума
промерзните до крупной дрожи,
до лютой ненависти к себе
зеленознающим ничтоже
сумняся, с птицей в голове.

18.

Кажется, только глаза откроешь,
в меху собольем проснется Кузмин
с глагольной рифмой на «откроешь»,
которую знает он один,
которую знаю все, конечно,
потягиваясь в своем тепле,
когда, как перстнем, пишет навечно
ее мороз на темном стекле.
Кажется, только веки закроешь,
и видишь — Кузмин в летнем пальто
стоит на морозе, а ты все ноешь:
«Иов... Иона...». И всё не то.

19.

...и всé на руках: кто контужен,
кто с дыркой в голове,
кому паек уже не нужен,
кто ищет руку в рукаве
пустом, кто всего лишь названье,
сплошное красное пятно,
лишь окончанье, -енье, -анье,
терпе-, рыда-, всё равно;
кому перевяжи потуже,
кому дай пить, кому дай жить,
кого отпой по буквам вчуже
и перережь родную нить,

и с головой накрой, и стонов
больше не жди от этих голов,
и на излетах перегонов
из гноем пахнущих вагонов
спускай тяжелые свертки слов...

20.

Новый снег покалывает лицо,
старый — блестоньками — глаза.
Ветер ветку пнул слегонца.
Не береза, а бирюза.

Сколько сущностей, Демокрит,
в темном воздухе развелось!
Если каждая — абдерит,
защекочут до́ смерти нос.

Столько глупости нанесет
за ночь эту поверх всего,
что собьется со счета счет
и получится не-число!

Выйдешь утром, откроешь рот
испаряющимся нулем,
видишь: снег разбит, огород,
и валяются дети в нем.

21. ПРЯТКИ

Никто уже ни за кого
не скажет «палочку»,
и Во́да, зная, где — кого,
идет вразвалочку...

Он говорил с корой до ста,
считал все тяжкие
и обещал из-за куста
достать за сяжки нас.

Из-за куста, из-под земли,
из одиночества
(за единицами нули
видны — до отчества).

Он обещал, что было сил, —
всех, из конца в конец,
как будто это — Иггдрасиль,
а он — последний жрец.

И вот пошел, и над плечом
дымок завинчивал
каким-то тертым калачом
в своей опричнине.

Вот повернулся. Не к тебе!
(«Хоть за себя скажу!»)
Беги по узенькой судьбе,
как по его ножу.

По перочинному перу
с наборной ручкою,
которым врезал он в кору
«смерть» закорючкою.

Беги и постучись в нее
сам кулачишками
хоть за себя, за всё свое —
перед мальчишками!..

        22.

Владимиру Беляеву

Свежая поросль топольков,
кадетские профили вдоль аллеи
с двух сторон. «Кто таков?» «Никаков...»
«Что стоишь? Проходи смелее!»

В две шеренги — не в два ряда,
веточки к носу, нос повыше.
«Никаков — это ерунда,
только снегом скрипи потише».

Смерть и выправка — одно к одному,
смерть и свобода — одно и то же.
«Мы пропустим тебя к Нему,
а дальше знаешь, на что похоже».

Как вертушки на вас трещат
листья сухие, которым не дали
вы упасть, когда шли назад —
ваши маленькие медали.

Звук сужается, как в трубе,
в самом конце вашего строя.
Дальше каждый сам по себе.
Пал Илион, но не пала Троя.

23.

Этот лед как оговорка,
как ошибка (подско-, поско-),
тычет клювами синичья сворка
в примерзающее мяско.

Этот лед как оговорка
на тридцать лет вперед —
полыньи черновая корка,
ленингра-, петербургский лед.

Этот лед как оговорка.
Чего тебе здесь, и в такую рань,
балерина, старуха, актерка,
соломея, танцорка, дрянь?..

24.

Вот так, на вдохе таком, нет-нет и
сердце и надорвал,
как надрывают билеты
в театре при входе в зал:
жаркий холодный воздух
откуда-то с колосников
спустился к нему на жестя́ных звездах;
он вдохнул и был таков.

25.

Ветер, веточка, кто из вас
помыкает кем
в этот нецелый, надбитый час,
без мягкого знака сем?

Сало на ветру висит,
на веточке качается,
оживляя синичий вид,
но уже совсем как мочалочка.

Веточка, ветер, синенький свет —
все слова по местам расставлены:
неужели не хватит, неужели нет —
не на силу, так хоть на славу нам?

На поющую славку, птичку одну,
завирушку, поюшку-сильвию,
если ветром прижмет к земляному дну
и не схватишь ветер за вскрылия...

26.

...и все́ в эти горячие пелёны
завернуты по самый рот,
пустой, кричащий, опаленный,
и каждый каждого зовет
по имени, не зная звука,

ни рта, ни звука, ни имён,
и тишина для нас — разлука
на целый вдох в узле пелён,
врезающихся в тельце, в ямки
и складки нашего белка,
и тащат рабочие злые самки
нас в муравейник языка,
где налита́я семенем царица
нам даст простые имена:
«он» существительным родится,
и прилагательным — «она»,
но кем бы кто отныне ни был,
для всех един труда глагол,
и лязг немеющих мандибул,
и сок травы, и запах смол...

27.

Теперь поверил? Между этих зенок
и этой ночью мировой
нет ничего — пустой простенок,
зиянье, хаос, холодный вой,
но, отшлифовано Спинозой
в слезе Субстанции, оно
становится дыханья розой,
дыханьем, розой, девой-розой,
чьё дыханье зачумлено.

28.

Елене Сунцовой

Сладко ли спать тебе, матрос?

А. Б.

Сладко, сладко, — если на это
сам вопрос не ответ,
снег пахнет первым запахом лета,
когда того и в помине нет,

а есть в помине бушлат матроса,
теперь он в нем, как офицер
в беломكителе, и нет вопроса
слаще этого: братец, ты цел?

Цел-цел, и даже еще с половинкой
чего-то целого за душой —
греющей сердце половинкой,
может быть, даже — самой душой,

общей теперь и такой хорошей,
что если утром отроют занос,
там будет лето, и первой порошей
черемухи ударит в нос.

29.

Всё близко на морозе, всё — перебежками,
до рифмы-розы рукой подать,
вот она — яркой садовой вешкой,
и в голове садовой — благодать.

Но только добеги, попробуй,
из своего тепла в ее тепло
сквозь эту голубую прорубь,
сквозь голубиное стекло,

сквозь эту светлую темницу,
решетку смыслов-под-рукой,
где все покоем *буквально* мнится,
и вправду — роз-мороз — покой.

30.

Темное время, узкое время,
горло не лезет в него,
само в себя падает белое семя,
не принося ничего,

только снаряды снежков голубые,
только короткий злой разговор:
«— Кто вы такие? — А вы кто такие?»
Слово — на слово, как двор — на двор.

31. ПЁРСЕЛЛ

*

Так пусто в голосе и сладко,
как будто уже уплыл Эней,
и па́руса его заплатка
на синем заднике все темней.
И вот погасла. Ляг на доски
и подожди еще чуть-чуть,
пусть рябь энеевой матроски
прикроет гаснущую грудь.
Потом, потом положат в землю,
потом — хоть пепел, хоть прах...
Сейчас он закругляет Землю,
на всех шестнадцати ветрах.

*

В глазах так пусто, что ресницы —
единственный красивый вид,
о, прудом запруди глазницы
всех обероновых обид,
сорви кожурку, дай мне мякоть,
дай слезок наполнить этот плод,
о дай мне плакать, дай мне плакать,
о дай немного этих нот,
о дай мне «ля» и дай мне соли,
чтоб эта музыка росла,
чтоб наливались вакуоли
и дольки превращались в доли
слепого круглого числа.

*

Так в барабане этом пусто,
где Мэри мертвая лежит,
что чертят палочки так пусто
пустой земли ненужный вид.
Средь жизни, посредине смерти
вступает чистая судьба,
цветок идет за солнцем смерти
и распускается как труба...

АНДЕРМАНИР

1.

царь в голове
скоморох в ребре
юрод и похаб ниже
змея на груди
вся жизнь впереди
но смерть все равно ближе

царь говорит
скоморох гудёт
юродивый корчит рожи
слово закон
гудошник на трон
а рожи на всех похожи

селедка плывет
удавка висит
прогуливаются горожане
блестит сапожок
белеет снежок
лошадку впрягают в сани

поедем туда
где снега гора
где черти заносят плети
где кучей-малой
лежат под горой
насмерть веселые дети

2.

седя на санех
едя на печи
щелкай под орех
смерти калачи
зубки на нее
белые точи

говори в лицо
не клади в карман
красное словцо
чтобы знал умран
что в тебе течет
красное винцо

чтобы он смотрел
на тебя насквозь
от завиды бел
черен в кровь и в кость
от полжизни крив
от полсмерти кос

чтобы сел и встал
встал и припустил
чтобы ты был мал
но хватило сил
запятнать того
кто от смерти жил

и сказать ему
ну-ка догони
и бежать во тьму
и считать огни
тьму больших огней
маленькие дни

а когда тебя
запятнает он
и в кулак трубя
поведет в загон
для таких как ты
просто выйти вон

3.

скажи дурак
что тебе не так

мы потом поймем
булка лежит
булку клюнул жид
голубок потом

ветер сквозной
кроет козырной
картой облака
трефы ворон
гонят воздух вон
синий с уголка

ангел в раю
синеньком свою
песенку поет
что не так
ну подай хоть знак
чертов идиот

сказал дурак
все мне так и так
и разэтак тож
только вот
что-то сердце рвет
и чего-то тош

4.

Пройшли облака

Г. Сковорода

пройшли облака
прийшли облака
и ничего другого пока
никто не придумал лучше

и день как всегда
ни нет и ни да
как про себя решила вода
где быть ей тусклей где лучче

но лучник точней
стреляет психей
с облачка в яблочном свете дней
пуская каленый лучик

а душенька взгляд
чуть бросит назад
где голубой туманится ад
и тут он ее залу́чит

5.

природка стоит угла во главе
голосит как дура
припрятала видно кусок в рукаве
дурная натура

кусок отобрал прижимистый бог
ни стыда ни сраму
и вставил что было в зияющий бок
дурному адаму

адам зарастил разъятую плоть
сунул богу кукиш
твое говоришь так полтинную плоть
дешевле не купишь

плати говорю полтиной ума
и другою тоже
срастется полтина с полтиной сама
в целковый похоже

а этот кусок в боку у меня
нам с тобой не нужен
отдай эту черную искру огня
сиротке на ужин

на завтрак отдай пусть будет заря
и закат и всяко

за что и целковый отдать не зазря
и два одинако

      6.

свято место пустое место
низкий берег всклянь наливай
два горбика мо́ста
всклянь это просто
звякнул трамвай

ходит голубь и крылышком пролубь
режет в воздухе голубом
свет новый кирпичный
берег фабричный
пролубь на нём

солнца полтинка ветра картинка
ходит фертом известно вдоль
а сальная льдинка
уж половинка
четверть и ноль

бухает пушка петра кукушка
швед на ка́нцах шею втянул
что видишь не видишь
охту и китеж
слышишь отгул

      7.

новый свет старый мир
кошмар и кашмир
посмотри в глазок
там увидишь вдруг
детский глазок
синий дымчатый круг
андерманир штук

НОЧНАЯ ОХОТА НА ПТИЦ. ТРИПТИХ

1.

У Жана-Франсуа Милле в «Ночной охоте на птиц»...
Далее следует полный огня экфрасис,
удары дубинками, падения навзничь и ниц
и золотой плеск, обрывающийся на фразе:

«Я — в правом верхнем углу, что есть крыл
убегающий с этого дерева сна и смерти,
вдруг изъязвленного светом до самых истошных жил,
до корней волосков черно-зеленой шерсти

этого мозга, в который дубинками бьют
славные парни, а девки подбирают в траве
тихие тельца слов тут и там, там и тут,
тех, что с утра гомонили в садовой голове...»

2.

У Вилье де Лиль-Адана в «Убийце лебедей»
верхнее соль отчаянья не взято, но длится,
когда в черной воде, рядом с птицей, черный стоит злодей,
и между страхом и страхом выбрать не может птица,

и не может выплюнуть камень, открыть клюв и сказать:
«Я тебя слышу, меломан, мегаломан, и вижу,
вижу тебя, мудак, слышу, хитрая блядь,
ты железным своим сапогом поднимаешь со дна жижу!

Хочешь услышать, как мы предсмертно поем?
Хочешь сломать пару шей и ночь скоротать в концерте?
Будет тебе концерт, но не мути водоем,
в нем еще водятся лебединые братья — черти!»

3.

У Чеслава Милоша в «Долине Иссы», где много
сцен охоты, есть, как высшая форма, охота на глухаря,

и мальчик-протагонист отчаянно просит Бога:
сперва — чтобы взяли, потом — чтобы взяли не зря.

И вот — ни ночь, ни утро — но розовая подлива
к серому мясу неба, на лунной костú, подлитá,
и глухарь, оглохший от страсти, точит горлом горливо
в чаше чащи жерельце, куда утечет темнота,

и говорит охотникам: «Я кончил уже два раза,
дайте мне — в третий — Бог любит — последний раз,
а потом убивайте, ведь я, глухарь, — только фраза
в чаще спутанных начерно, просвеченных набело фраз…»

ПРИЧАСТИЕ

1.

о чем еще о́ о ней о не́й
о дорогой дражайшей
дорожке те́ней и тене́й
о другую чуть дребезжащей
когда иней на ней всё иней
об узкой узенькой ужайшей
обузкой узенькой сужающей
себя до самых легких дней
себя до самых *легких* дней
и вверх по выдоху взъезжающей
на мертвых ло́зочках саней
всё зеленей всё зеленей
об этой чающей и чащей
чем чаща чающих родней
чем чаще тем во тьме родней
тем тём темнеющих темней
о будущей и настоящей
бушующей и тишь тишащей
тишайшей узнице камней
ко мне ко мне все кто о ней
об этой веточке дрожащей
о весточке что всех темней
о ничего не говорящей
как мы о ней как мы о ней

2.

Несущий себя на себе, не-сущий,
не существующий уже день,
пресуществленный уже, присущий
прошлым дням, как предметам — тень,
пресуществленный во тьму и воздух,
в муть и сдобу пришлого дня,
в рифму простую, пустую — «воздух»,
в рифму простую, но пуще — «меня».

МАЛЕНЬКИЕ СЛЕЗЫ

1.

Уличные маленькие слезы
(«это от ветра», «что-то попало в глаз»).
Воздуха слабые неврозы
воздухом лечатся как раз.
Что с ветра взять, кроме вечной позы!
Он фертом ходит мимо нас
и дарит маленькие розы
психеям нашим напоказ...

2.

фонари красиво как
разлучают свет
на иголочках-ногах
чуть стоят
а иголочки у самых глаз
кончаются
чуть уколят и сразу
назад
это слезы всё
но слезы не от этого
и не слезы это вовсе
а пустяк
холодок на ободке
зрачка нагретого
выдул шарик водяной
просто так

3.

Прищурь глаза, смотри: вполнеба мотылек
стоит в слезящемся прищуре.
Вот это, Малларме, и есть, наверное, бог
твоей лазу́-лазу́-лазу́-лазури?

Из маленькой слезы, и солнца, и ресниц —
вот крылья, голова и тело.

Вот, перед кем стоять, ходить и падать ниц,
пока слеза не обмелела...

4.

такая мелкая звезда
висит над веточкой
и говорит она всегда
кому-то «нетушки»

так мелко набрана она
что и не разобрать
за что она всегда одна
там отдана в печать

за что ее ее одну
глаз видеть норовит
зачем зрачок идет ко дну
на этот скучный вид

зачем ему та нонпарель
зачем губить глаза

чтоб эту чушь и поскорей
заволокла слеза

и чтобы маленькой слезой
омылась веточка
и расцвела густой грозой
из белых «нетушек»

5.

Подарочек слёзный — какой там дар! —
лишь облачко одно
стоит и раздувает жар,
чуть обжигая дно.

И правда, покалывает, и ресницы
как в черный уходят ил,
и свет опускает свои слезницы
на дно световых могил.

ЧТО ДЕЛАТЬ?

> *Я остаюсь в Царском, не двигаясь.*
>
> В. Комаровский

1.

Стоять, не двигаясь, как в Царском — Комаровский
(один из двух поэтов, погибших от первой войны),
закрывать глаза и смотреть, как бледные проростки
лезут сквозь бурую марлю, сложенную вдвойне,
сидеть на бобах, знать лишь оттенки ахейской прозы —
дерево, красную глину, кузнечный огонь, кровь и медь,
с почвой делиться кровью через мелкие ссадины и порезы
на локтях и коленках, нарочно падать и ни за что не вставать,
валяться в грязи, траве, ее быстро темнеющих соках,
в молоке одуванчиков, их золотоносной пыли́,
ездить на шерсти земной, как блоха — на лохматых собаках,
лазить по стеблям бобов на последнее небо земли…

2.

Вертеть головой на все стороны запаха, падать
в каждую пору, каждую каплю, каждый сучий секрет,
Хозяину страха платить сладкую, бо́рзую подать,
перед Хозяином силы за это держать ответ,
не поднимать головы́ попусту, и не выше ветра,
звезд в помине не знать и ненавидеть Луну,
гулкую круглую дырку, вынимающую все ну́тра,
до последней голодной кишки, затягивающей: ну-у-у!
быть всегда только внутри, не видеть себя снаружи,
ничего о себе не знать, ничего при себе не иметь,
кроме собственной шкуры, что всех остальных не дороже,
потому что не знает, что напялена прямо на смерть.

3.

Видеть перед собой только на шаг, только изво́и, заво́и,
все во влажных зеленых ртах, — на цветоложе подъем,
чтобы его одолеть и окунуть глубоко́ в голубое

спираль своего хоботка — в шар, дождевой водоем,
кренящийся на ветру, кри́нящийся под ветром,
вверх идти, будто идешь вниз, но верха и низа не знать,
и низа́ть на глаза, на ножки их, как на ветки,
шевеление цвета, цветов, дальше которых нет,
знать, не зная, что все искривления плоски,
знать расстоянье, не зная тоски его и длины,
пить из цветка в петлице, который вдел Комаровский
(один из двух поэтов, погибших от первой войны).

СОДЕРЖАНИЕ

ЛАСТОЧКИ НАКОНЕЦ
Поэма

Часть первая
- I. «Все облака перепутаны — где какое...» 9
- II. «Труден день по имени, выговоришь едва...» 11
- III. «Между глазом и светом не воздух, а то...» 14

Часть вторая
- I. «Листьям, уставшим стоять на одной ноге...» 16
- II. «Слепые мелкие буквы, страшные имена...» 18
- III. «Сердце ложится на сердце и спрашивает его...» 21

Часть третья
- I. «Что изнутри о стаканчик сердца звенит...» 23
- II. «С краю ляг и лежи, а когда придет к тебе время...» 26
- III. «. . . . .» 28

КВАДРАТИКИ

- «Смотри, как пусто все кругом...» 33
- «Вот небо в небе, вот земля в земле...» 33
- «Смотри, пока не надоест...» 33
- «Вот ветер дикий, а внутри него...» 33
- «Смотри за тенью — тень растет...» 34
- «Вот так и водишь речь свою всегда...» 34
- «Смотри вдоль воздуха, смотри...» 34
- «Вот след. Возьми его и принеси...» 35
- «Смотри, не видя ни кола...» 35
- «Вот оно и оказывается...» 35
- «Смотри под ноги, не споткнись...» 35
- «*Вот* этот голос, им и говори...» 36
- «Смотри, как светят окна те...» 36
- «Вот на ветру фонарики одни...» 36
- «Смотри хоть краем, уголком...» 37
- «Вот стол. Он стал. До этого он был...» 37
- «Смотри, ведь это все равно...» 37

«Вот так и музыка сама с собой...» 37
«Смотри сюда, как не сюда...» 38
«Вон там звезда, и там еще звезда...» 38
«Смотри, какая тра-та-та...» 38
«Вот так жизнь жрет (в два слога) тот маршрут...» 39
«Смотри, останешься внутри...» 39
«Вот здесь и тайна, в этом самом дне...» 39
«Смотри на все издалека...» 39
«Вот этот воздух, без него нельзя...» 40
«Смотри, подглядывай в окно...» 40
«Вон там в окне, хотя давно темно...» 40
«Смотри-смотри, не вороти...» 41
«Вот так лежат: ногами к голове...» 41
«Смотри, вот зимний Гераклит...» 41
«Вот здесь, в помойно-мусорном каре...» 41
«Смотри на снег. На *что* смотреть?...» 42
«Вот и всерьез: и свет всерьез, и тьма...» 42
«Смотри, вон человек идет...» 42
«Вот так засыплет снегом "простеца"...» 43
«Смотри во двор, смотри стоп-кадр...» 43
«Вот так от слов уходит воздух, с...» 43
«Смотри, любовь моя, зерно...» 43
«Вон там квадратики впотьмах...» 44

ЧТО ГОВОРИЛ СВЯТОЙ ФРАНЦИСК

I. Что говорил Святой Франциск брату Льву,
когда они шли задом наперед из обители
Санта Мария Дельи Анджели в Перуджу 47
II. Что говорил Святой Франциск брату Массео,
пока тот кружился на перекрестке
между Сиеной, Флоренцией и Ареццо 47
III. Что говорил Святой Франциск брату Бернарду,
пока тот попирал ему ногами грудь и уста 48
IV. Что говорил Святой Франциск брату Массео
по дороге во Францию 49
V. Что говорил Святой Франциск волку,
когда держал его за лапу 49
VI. Что говорил Святой Франциск Святой Кларе
во время трапезы в Санта Мария Дельи Анджели 50

VII. Что говорил Святой Франциск птицам
(все хотят это знать) 50
VIII. Что говорил Святой Франциск
двум хлебцам, когда постился
на острове посреди Перуджийского озера 51
IX. Что говорил Святой Франциск брату Массео,
трижды спросившему «почему за тобой?» 52
X. Что говорил Святой Франциск блуднице,
когда ходил обращать вавилонского султана 52
XI. Что говорил Святой Франциск огню
перед тем, как принять прижигание висков
ради излечения от слепоты 53
XII. Что говорил Святой Франциск ласточкам,
которые своими криками заглушали его проповедь 53

ЗИМА ТРИНАДЦАТОГО ГОДА

1. «Ах, если бы, ладно — золотом, хоть оловом залить...» 57
2. «Так просто подумать об этом...» 57
3. «Не представить квадрата...» 57
4. Also sprach 58
5. «Хоть запивай, хоть закусывай корочкой...» 58
6. «Говори себе, повторяй...» 58
7. «И воздух, как прощание с ним...» 59
8. «Такое дело: листьев нет...» 59
9. «В рукав, за шиворот — везде...» 60
10. «Интересно потухают...» 60
11. «*Голубо́ — на голубо...*» 60
12. «Собака лает, ветер носит...» 61
13. «Чья тень склоняется походочкой своей?..» 61
14. «Так инеем приглушены кусты...» 62
15. «Снег паче гордости, белее униженья...» 62
16. «Вдохни и выдохни тот воздух непечатный...» 62
17. «Деревья так разводят руками...» 63
18. «Кажется, только глаза откроешь...» 63
19. «...и все́ на руках: кто контужен...» 63
20. «Новый снег покалывает лицо...» 64
21. Прятки 64
22. «Свежая поросль топольков...» 65
23. «Этот лед как оговорка...» 66

24. «Вот так, на вдохе таком, нет-нет и…» 67
25. «Ветер, веточка, кто из вас…» 67
26. «…и всé в эти горячие пелёны…» 67
27. «Теперь поверил? Между этих зенок…» 68
28. «Сладко, сладко, — если на это…» 68
29. «Всё близко на морозе, всё — перебежками…» 69
30. «Темное время, узкое время…» 69
31. П ё р с е л л
    «Так пусто в голосе и сладко…» 70
    «В глазах так пусто, что ресницы…» 70
    «Так в барабане этом пусто…» 71

АНДЕРМАНИР

1. «царь в голове…» 75
2. «*седя на санех*…» 75
3. «скажи дурак…» 76
4. «пройшли облака…» 77
5. «природка стоит угла во главе…» 78
6. «свято место пустое место…» 79
7. «новый свет старый мир…» 79

НОЧНАЯ ОХОТА НА ПТИЦ. ТРИПТИХ

1. «У Жана-Франсуа Милле в "Ночной охоте на птиц"…» 83
2. «У Вилье де Лиль-Адана в "Убийце лебедей"…» 83
3. «У Чеслава Милоша в "Долине Иссы", где много…» 83

ПРИЧАСТИЕ

1. «о чем еще ó о ней о нéй …» 87
2. «Несущий себя на себе, не-сущий…» 87

МАЛЕНЬКИЕ СЛЕЗЫ

1. «Уличные маленькие слезы…» 91
2. «фонари красиво как…» 91
3. «Прищурь глаза, смотри: вполнеба мотылек…» 91
4. «такая мелкая звезда…» 92
5. «Подарочек слёзный — какой там дар!…» 92

ЧТО ДЕЛАТЬ?

1. «Стоять, не двигаясь, как в Царском — Комаровский...» 97
2. «Вертеть головой на все стороны запаха, падать...» 97
3. «Видеть перед собой только на шаг, только изво́и, заво́и...» 97

www.ingramcontent.com/pod-product-compliance
Lightning Source LLC
Chambersburg PA
CBHW071307040426
42444CB00009B/1907